MŒURS ÉGYPTIENNES

AU XIXe SIÈCLE,

OU

LA GRANDE CONSPIRATION DE SAÏD-PACHA,

PAR M. ACHILLE JUBINAL,
Secrétaire général de l'Institut historique de France, Député du département des Hautes-Pyrénées au Corps législatif.

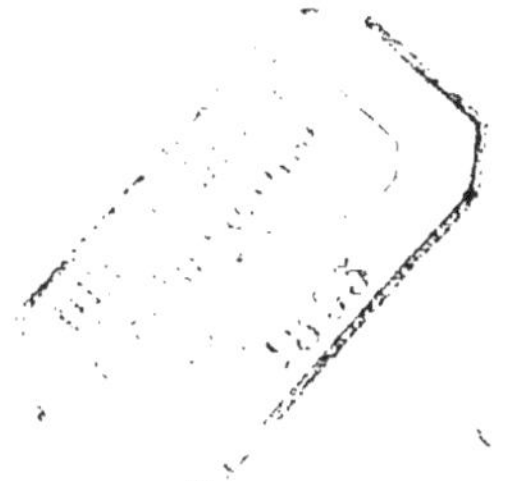

(*Extrait de l'*Investigateur, *Journal de l'Institut historique*, 243e *et* 244e *livraisons*, *Février et Mars* 1855.)

SAINT GERMAIN-EN-LAYE,
DE L'IMPRIMERIE DE BEAU,
RUE DE PARIS, 80.

1855

MŒURS ÉGYPTIENNES AU XIXe SIÈCLE.

APERÇUS HISTORIQUES.

---

§ 1.

L'Orient, cette terre qui fut le berceau du monde et le tombeau d'un Dieu, a été de tout temps et est encore aujourd'hui le pays des mystères.

Je n'ai pas la prétention de les expliquer ; mais un hasard heureux m'ayant permis de pouvoir entr'ouvrir le portefeuille d'un voyageur qui s'est longtemps promené sur les bords du Nil, en regardant alternativement les crocodiles et les almées, je vais consigner ici, sous forme de chronique, les principales scènes d'un drame peu connu en Europe ; mais qui a fait beaucoup de bruit au pied des pyramides.

Tous les détails qu'on va lire sont rigoureusement exacts. La plupart d'entre eux se sont passés sous les yeux de l'observateur auquel j'en emprunte la trame. — Ils portent d'ailleurs avec eux un tel cachet de vérité et de couleur locale qu'il n'y a pas à s'y méprendre. Seulement je dois dire que je n'adopte pas toutes les opinions de mon voyageur sur les hommes dont il parle. — Ne les connaissant que de nom, je ne saurais me permettre de les apprécier. — Je raconte, je ne juge pas. — *Scribitur ad narrandum*, comme dit le proverbe latin.

§ 2.

Lorsqu'il y a déjà longues années, Méhémet-Aly entreprit sur la terre des Pharaons l'extermination des Mameluks, trois tribus bédouines prirent parti dans cette lutte, les unes pour le régénérateur macédonien, les autres pour ses ennemis.

Ces tribus étaient toutes les trois fixées dans la province *Béhèri*.

Les deux premières s'appelaient les *Voulade-Aly* et les *Guemaates* ; la troisième était celle des *Hénaddi*.

La victoire s'étant déclarée en faveur de Méhémet-Aly, celui-ci chassa les Hénaddi de la province Béhèri, qu'ils habitaient. Alors ils se répandirent dans toute l'Égypte, appauvris et sans patrons. — Les *Voulade-Aly*, et les *Guemaates* s'enrichirent au contraire des bienfaits du vice-roi et reçurent de lui des terrains et des pensions.

Cela même alla plus loin. Le glorieux régénérateur s'était tellement pris d'amitié pour le chef des *Guemaates* (le Hadji-Hindani), qu'il lui confia un de ses enfants (Abdel-Hallim Bey, mort à Constantinople), pour que sa femme le nourrît. — Quand l'âge de sevrer le jeune prince arriva, le vice-roi fit venir à la cour, en même temps que lui, son frère de lait nommé *El-Mazri*.

Les deux enfants grandirent ensemble, traités à peu près sur un pied d'égalité, si bien que le fils du pauvre Bédouin reçut une éducation presque pareille à celle qui était donnée au fils du vice-roi. Nos princes constitutionnels n'en auraient pas fait autant.

§ 3.

Il y a environ quinze à seize ans aujourd'hui que *Hadji-Hindani* mourut, laissant beaucoup d'héritiers. — Je ne m'occuperai ici que de deux d'entre eux,— l'un, déjà nommé, El-Mazri; l'autre appelé *Omar*.—Fils de deux femmes différentes, ces deux frères se haïssaient comme avaient fait leurs mères, cas très-ordinaire dans les contrées où règne la polygamie. Omar (l'aîné de la famille) se vit, après la mort de son père, nommer chef de la tribu. — Le premier usage qu'il fit de son pouvoir fut de l'employer à dépouiller ses frères.

Or, parmi les terrains appartenant à la famille Hindani, qui tombèrent dans les mains du nouveau chef, il y en avait un très-grand nombre dépendant d'un village situé à six heures de marche d'Alexandrie et nommé Quafle. — Quand Saïd-Pacha arriva à l'âge de raison, il reçut en louage, (*Ohdeh*), plusieurs villages parmi lesquels se trouvait celui-là. — Comme de tout temps il avait existé de l'intimité entre Saïd-Pacha et El-Mazri, ce dernier obtint de Saïd la cession de *Quafle* en sous-louage.

Une fois reconnu comme *Ohdeh*, El-Mazri avait dans les mains un pouvoir presque égal à celui de son frère. — Sa première occupation, à son tour, fut de trouver un moyen de se venger d'Omar. — Il s'y prit de la manière suivante.

En Égypte, les villages sont divisés en *Ohdeh*, ou terrains fertiles et cultivés, loués à ceux qui se chargent d'en payer exactement l'impôt, et en *Abbadieh*, terrains qui ont été abandonnés à cause de leur mauvaise nature, ou qui sont restés sans culture par défaut d'argent ou de bras. — Le gouvernement dispose de ces derniers selon son bon plaisir, et il a le droit de les donner en cadeau à qui bon lui semble, sans que les donataires soient assujettis à aucun impôt.

Or, l'un des deux frères (Omar) avait reçu à titre d'*Abbadieh*, un millier de *feddans* composés de terrains incultes, situés dans le territoire de *Quafle*. — Avec du temps et de l'argent, il avait, à l'insu du gouvernement, étendu ses défrichements à 5 ou 6 mille autres feddans.

A peine revêtu du pouvoir d'*Ohdeh*, El-Mazri retira immédiatement des mains d'*Omar* les terrains dont la mise en rapport lui avait coûté beaucoup d'argent, et ne lui laissa que les mille feddans qui lui avaient été primitivement concédés. En même temps, comme un malheur n'arrive jamais seul, Omar se vit aussi dégradé du titre de chef de tribu.

El-Mazri le remplaça, et grâce à ce nouveau pouvoir, il ne tarda pas à ruiner totalement son frère. Tant il est vrai que la race humaine s'est beaucoup améliorée depuis Caïn !....

§ 4.

Presque tous les terrains possédés par Saïd-Pacha étant situés dans la province de Béhèri, les deux tribus des *Voulade-Aly* et des *Guemaates* établies dans cette province, étaient ses amis. Lors de la mort de Méhémet-Aly, Saïd-Pacha, pour avoir le moins de contact possible avec le gouvernement, céda les villages à ses partisans, et ne voulut retenir pour lui que les *Chiffick* (terrains de propriété absolue qui ne payent aucun droit). — Par suite de cette cession, El-Mazri reçut Quafle ainsi que trois autres villages, et il en fut reconnu Ohdeh par le gouvernement.

§ 5.

A la mort d'Ibrahim Pacha, Abbas-Pacha arriva à la vice-royauté de l'Égypte. Sa première pensée, en véritable héritier d'un trône oriental, fut d'abaisser ceux qui avaient joui de la faveur de son aïeul, et d'élever ceux qui avaient été tenus dans sa disgrâce. En conséquence, il s'empressa de réunir la tribu des *Hénaddi* dans la province *Charguie* qui touche aux limites de la Syrie et du Hedjaz, et il lui donna des terrains d'abord, de l'argent ensuite. Son but en agissant ainsi était de trouver un appui dans cette tribu, au cas où les troupes du sultan attaqueraient la Syrie et le Hedjaz, et de neutraliser la sympathie que les deux tribus des *Voulade-Aly* et des *Guemaates* montraient pour Saïd. — Les Hénaddi reçurent de lui deux chefs, — *Amrou-el-Zehari* et *Junis*,— deux frères qu'on peut appeler ses âmes perdues.

Après avoir songé aux Hénaddi, il rêva aux moyens de se procurer l'alliance des Voulade-Aly. — Cette tribu est divisée en 24 fragments ou *Cabyles*, ayant chacun un chef particulier qui dépendait alors d'un chef général nommé *Abdallah*. — Le hasard voulut que, parmi ces 24 chefs, il y en eût un appelé *Hadji-Wokedeh*, qui était frère de la mère d'Amrou-el-Zehari, chef des Hénaddi.— Abbas-Pacha, avec l'aide de celui-ci et en répandant beaucoup d'argent, fit naître des dissensions dans la tribu des Voulade-Aly, et réussit à faire que les 24 chefs des Cabyles Voulade-Aly signassent une pétition contre Abdallah leur chef général. — Le vice-roi accueillit avec grand plaisir cette requête. Il ôta à Abdallah son titre et il le donna à Hadji-Wokedeh. — Voilà donc les Voulade-Aly d'accord avec les Hénaddi, contre Saïd-Pacha devenu pour Abbas un véritable fantôme.

Depuis ce moment, le nouveau dominateur de l'Égypte n'eut plus qu'une idée fixe ; ce fut de s'assurer la troisième tribu, celle des Guemaates, afin de pouvoir la mettre aussi en ligne contre son neveu.

§ 6.

Un des chefs des Voulade-Aly, appelé *Herallah*, qui s'était aperçu du désir du vice-roi, se présenta un jour à lui, et lui donna le conseil de dépouiller El-Mazri (l'ami de Saïd) de son grade de chef de tribu et de nommer à sa place son frère Omar, lequel, par cela même qu'il aurait de l'obligation à Abbas, ferait des hommes de sa tribu des serviteurs dévoués aux volontés du vice-roi. Abbas, enchanté de ce conseil, s'empressa de le suivre. Il fit sur-le-champ appeler au Caire Omar et El-Mazri et il déclara que, du vivant de l'aîné, le plus jeune des deux frères ne pouvait être chef de tribu. — En exécution de ce principe tout nouveau, qu'il créait pour le besoin de la cause, il ôta le pouvoir à El-Mazri, et nomma Omar à sa place.

Ce dernier, aussitôt qu'il fut revêtu des pouvoirs d'El-Mazri, s'empressa d'en user exactement comme celui-ci avait fait auparavant, et de se venger sur son frère des années de misère qu'il avait subies. — Il le persécuta tellement, qu'El-Mazri préféra abandonner Quafle plutôt que d'y rester sous le joug ; mais il y a une loi en Egypte qui impose à celui qui abandonne un village tenu jusque-là par lui à titre d'Ohdeh, à délaisser en même temps tous les autres terrains qu'il occupait à titre de louage consenti par le gouvernement.— La raison de cette prescription est qu'on suppose que, dans ce cas, le fermier veut abandonner les terrains stériles et garder les terrains fertiles. — Aussi fut-il signifié à El-Mazri que, puisqu'il avait renoncé à Quafle, il devait aussi renoncer aux autres villages.

A cette nouvelle, El-Mazri eut recours à son ami Saïd, et il le pria, afin de le tirer d'embarras, de faire (lui, Saïd-Pacha) une demande en son propre nom pour obtenir du gouvernement qu'on lui donnât Quafle à lui-même.

Saïd, voulant contenter El-Mazri, pria son neveu Abbas de lui concéder Quafle en louage. Abbas répondit qu'il ne pouvait annuler sans motif le bail d'Ohdeh avec qui que ce fût ; mais qu'il allait ordonner à son Kiehja de profiter de la première occasion pour contenter son oncle.

El-Mazri, qui eut connaissance de la réponse du vice-roi, fit circuler dans le village une requête où il faisait dire aux fellahs qu'ils priaient le vice-roi de vouloir bien ôter Quafle des mains d'El-Mazri, parce qu'il les opprimait, et qu'ils désiraient hautement qu'on donnât le village à Saïd-Pacha. Sur cette requête, le Kjehja fit appeler El-Mazri, et lui annonça qu'il se trouvait forcé de donner Quafle à Saïd, puisque les fellahs le demandaient. El-Mazri feignit d'être vivement contrarié, tandis qu'au fond il était enchanté du résultat de ses démarches.

§ 7.

En se montrant ainsi ouvertement de connivence avec El-Mazri, Saïd-Pacha avait, contre son habitude, commis une maladresse. En effet, le caractère soupçonneux d'Abbas étant donné, cette circonstance dut beaucoup ajouter aux craintes qu'il concevait de son neveu.

Cette faute eut même des résultats plus graves encore, grâce à une autre idée de Saïd.

Une fois reconnu pour Ohdeh de Quafle, au lieu d'y envoyer un nouvel agent (*wekil*), le prince donna ses pouvoirs à El-Mazri. — Il était bien probable, qu'avec l'appui de Saïd et sous son égide, El-Mazri exercerait sa vengeance sur son frère. Il n'y manqua pas. Celui-ci recourut au vice-roi et lui dévoila l'accord qui avait existé entre son frère et Saïd dans l'affaire de la cession de Quafle. — Au premier moment Abbas-Pacha se fâcha contre Omar; il eut comme une sorte d'intuition qu'il était le jouet de la haine de ces deux frères; aussi fit-il à Omar des reproches très-vifs, après lesquels il lui dit que s'il ne se trouvait pas bien à Quafle, il pouvait choisir des terrains sur d'autres points.

Omar, avec toute la perfidie d'un bédouin, demanda à Abbas-Pacha qu'il lui fût donné des terres situées dans le voisinage de Quafle, et qui dépendaient des villages de *Louquine*, de *Djeradate* et de *Balactare*, villages appartenant à son frère en société avec trois riches Turcs. Abbas-Pacha, qui sans doute ignorait cette circonstance, accorda ce qu'on lui demandait.

A peine Omar se trouva-t-il possesseur du firman de spoliation qui enlevait sans raison aucune leur bien à de légitimes propriétaires, qu'il se rendit sur la place et exerça des ravages inouïs contre les biens de son frère et des trois Turcs.

El-Mazri ainsi dépouillé fut forcé de se retirer à Quafle avec sa famille et ses partisans en qualité de simple wekil de Saïd-Pacha.

§ 8.

Un assez long temps s'écoula depuis, avec bien d'autres alternatives que je passe sous silence ; mais un jour Saïd-Pacha, allant faire une excursion à Maréotis, emmena avec lui El-Mazri et quinze Bédouins de sa suite. Après avoir fait le tour du lac en deux jours, il s'en fut à *Damanhour*, chef-lieu de son fief, afin d'examiner l'état de ses récoltes.

Omar profita de cette circonstance pour courir à Alexandrie et y dénoncer au Kjehja qui s'y trouvait alors, son frère et Saïd comme étant à Maréotis *en train de conjurer contre la vie du vice-roi.*

Le Kjehja expédia cette nouvelle calomnieuse à Abbas-Pacha, et en attendant des ordres, envoya deux espions à Maréotis pour qu'ils lui transmissent ce qu'ils pourraient découvrir. La réponse d'Abbas ne se fit pas attendre ; le Kjehja reçut l'ordre d'investir Maréotis avec des canons, de l'infanterie, et de s'emparer des conjurés, morts ou vifs ; mais pendant ce temps les espions revenaient de Maréotis et déclaraient qu'Omar était un calomniateur. Le Kjehja, fort embarrassé, n'osa pas exécuter les ordres qu'on lui avait transmis, et envoya au vice-roi le rapport de ses agents. La réponse d'Abbas fut que, *coupable ou non, il fallait se débarrasser d'El-Mazri*, et le tuer ou le faire tuer. — On prétend même que cet ordre s'étendait jusqu'à Saïd, sous prétexte de haute trahison.

§ 9.

Le Kjehja chargé de cette besogne eut, pour la simplifier, l'idée vraiment machiavélique et diabolique, de mettre à profit la haine qui existait entre les deux frères. Veut-on savoir en conséquence à qui il s'adressa pour se défaire d'El-Mazri ? — A son propre frère, Omar.

Celui-ci, quoique peu scrupuleux, recula devant un si horrible crime, prétextant que l'état d'inimitié dans lequel il se trouvait avec son frère, rendait d'abord un guet-apens très-difficile, sinon impossible ; — et qu'enfin si son frère était tué, tout le monde le désignerait immédiatement, — lui, — comme le meurtrier, — ce qui était vrai.

Le digne Kjehja fit alors appeler Hadji-Wohedddeh ainsi qu'El-Gazi, son ami, et il leur fit connaître la volonté de Son Altesse. Tous deux refusèrent d'abord de commettre le crime qu'on leur demandait ; mais voyant que leur refus les compromettait, ils firent semblant d'accepter, et s'obligèrent *par écrit* à tuer El-Mazri *dans le délai de six mois*.

A peine eurent-ils quitté le Kjehja, qu'ils firent connaître ses projets à El-Mazri en l'invitant à se tenir sur ses gardes.

El-Mazri révéla le tout à Saïd. Celui-ci, avec sa générosité accoutumée, le prit sous sa protection et l'invita à résider chez lui.

El-Mazri, voyant là une chance de salut, remercia son protecteur et vint habiter tout près de *Gabbari* (lieu de plaisance de Saïd), dans une maison appartenant au prince.

Cependant, les six mois de délai accordés à Hadji-Woheddeh et à El-Gazi s'écoulèrent, et El-Mazri vivait toujours.

Le vice-roi mécontent les fit appeler au Caire, ainsi qu'Herallah, et leur fit, d'après mon voyageur, de vifs reproches. — Tous deux répondirent qu'El-Mazri s'étant établi à Gabbari, ils couraient de très-grandes chances en allant l'y chercher, à moins d'être munis d'un firman qui leur donnât le pouvoir d'entrer dans le palais de Saïd et de tuer, non-seulement El-Mazri, mais au besoin le prince lui-même s'ils ne pouvaient réussir autrement.

Malgré sa haine pour son neveu, Abbas refusa. Ses ennemis prétendent que ce fut par la raison qu'un ordre écrit peut laisser des traces; j'aime mieux penser, pour mon compte, que ce fut par un sentiment d'honnêteté, quoique ce prince eût, en général, peu de scrupules.

§ 10.

C'est ici le lieu d'interrompre ce récit par une digression curieuse au point de vue des mœurs orientales, et de révéler la cause de la haine qui poussait Abbas contre Saïd.

Cette passion du vice-roi datait de loin ; elle naquit pour ainsi dire avec lui. Sa mère voyant en Saïd l'obstacle qui pourrait empêcher son fils de régner un jour, excita dès son bas âge Abbas contre son neveu.

D'autre part, la mère de Saïd voyant en Abbas-Pacha dont la légitimité, comme naissance, a fait longtemps question en Égypte, un intrus dans la famille, lui apprit à mépriser son oncle. — A ces causes d'inimitié il faut ajouter celle-ci, que Méhémet-Ali, afin d'exciter l'émulation entre ces deux rivaux, avait pour habitude d'exalter Abbas en parlant avec Saïd, et Saïd en parlant avec Abbas. — Le fondateur de la dynastie égyptienne alimenta ainsi sans le vouloir une haine qui avait déjà un si puissant point de départ et qui devait un jour être si nuisible à la grande œuvre qu'il avait entrepris de réaliser.

Quand Méhémet-Aly quitta le pouvoir, la haine d'Abbas n'eut plus de bornes. — En effet, Ibrahim-Pacha, tandis qu'il accordait à Saïd toute sa confiance et sa faveur, montrait le plus profond dédain pour Abbas.— Cela alla si loin, qu'Abbas fut forcé de s'exiler de l'Égypte et d'aller s'établir au Hedjaz. — Malheureusement son étoile vint à son aide, et la mort prématurée d'Ibrahim mit le comble à sa joie et aux malheurs du pays.

A la mort d'Ibrahim, Abbas était à la Mecque et Saïd à Alexandrie. — Les pachas dans les mains desquels se trouvait le pouvoir, se réunirent en conseil administratif. — Ce conseil se composait de *Hassan-Pacha* (le kjehja d'alors, ancien précepteur d'Abbas); — de *Chériff-Pacha* (le Judas de la famille de Méhémet-Aly); — d'*Ahmed-Pacha-Yéguen*, homme fanatique et impropre aux affaires; — de *Kamil-Pacha*, époux de la petite-fille de Méhémet-Aly, homme instruit et capable; — de *Siami-Pacha*, autrefois ambassadeur à Paris, qui avait la pratique du gouvernement; — d'*Ahmed-Pacha-Menicly*, le bras droit d'Ibrahim; — d'*Aly-Pacha-Bourham*, autrefois chargé d'affaires d'Ibrahim et devenu depuis son ennemi; — de *Latif-Pacha*, ancien directeur des fabriques, méchant homme et mauvaise langue; — enfin d'*Ismaïl-Bey*, bon homme, plein de douceur et de probité.

Dans ce conseil ainsi composé s'agita la question du choix d'un successeur, question inutile, puisqu'elle avait été décidée par les traités de 1840.

Elle n'en excita pas moins mille passions, mille haines, mille lâchetés. — Quelqu'un ayant proposé imprudemment de donner le trône à Saïd, la majorité du conseil, composée d'hommes sans lumières, pour qui Abbas était d'ailleurs, à cause de son fanatisme, le bras destiné à abaisser le pouvoir des infidèles et des réformistes, se déclara pour Abbas. — A sa tête se trouvait Ahmed-Pacha-Yéguen, qui haïssait Saïd, parce que ce prince avait refusé sa fille.

Dans cette séance, le conseil écrivit trois lettres : — l'une à Saïd alors à Alexandrie; — l'autre à Abbas alors au Hedjaz; — la troisième à la Porte pour lui donner avis que le conseil avait nommé régent Ahmed-Pacha-Yéguen.

Saïd se rendit sur-le-champ au Caire. A son arrivée une députation se présenta à lui, pour lui faire signer la demande adressée au sultan de concéder la vice-royauté à Abbas.

Le prince trouva cette démarche ridicule et en fit l'observation, puisqu'aux termes des traités, la chose était de droit. Aussi eut-il d'abord l'idée de se refuser à la puérile requête du conseil; mais connaissant Abbas et la perfidie de ses nouveaux adeptes, il réfléchit et leur jeta avec mépris son cachet qui tomba par terre. — Ceux-ci le ramassèrent et apposèrent le sceau du prince sur leur demande.

Voilà pour les vivants. — Quant au mort, les dignes membres du conseil administratif qu'Ibrahim avait comblés de bienfaits, le traitèrent comme un simple fellah. — Jamais on n'avait vu une si noire ingratitude !!! Le cadavre du vainqueur de *Nezib* fut porté en terre, à peine recouvert d'un suaire!...

Saïd, indigné de cet acte de lâcheté accompli pour plaire à Abbas, se concerta avec Latif-Pacha, afin de venger la mémoire de son glorieux frère, en réunissant bon nombre de cheiks pour prier sur son tombeau et y offrir une hécatombe selon la coutume orientale.

Le régent (oncle d'Ibrahim!!!) ayant eu connaissance de ce projet, fit avertir Saïd de faire la chose sans bruit, de peur d'irriter Abbas et afin d'éviter des troubles. — Saïd répondit que, puisqu'il en était ainsi, il ne voulait plus rien faire, et qu'Ibrahim était toujours grand avec ou sans hécatombe. — A peine Hassan-Pacha, qui avait pris le commandement de la citadelle, eut-il connaissance du retour d'Abbas-Pacha à Suez, que feignant de craindre une trahison, il augmenta la garnison, et se renferma dans le château.

Une fois Abbas-Pacha arrivé au Caire, Hassan-Pacha et Ahmed-Pacha-Yéguen, exagérant l'importance de leurs services, lui peignirent Saïd avec les plus tristes couleurs, le dénonçant comme un dangereux conspirateur.

Saïd à son tour alla faire une visite de condoléance à son oncle, et prit congé de lui en lui déclarant qu'il ne voulait pas rester au milieu de tels intrigants, et qu'il désirait se retirer dans sa maison de campagne. — Il partit ensuite pour le Caire, assurant son oncle, sur son honneur, qu'il n'avait aucune tentative à craindre de lui. — En effet il resta tranquille, enfermé dans la solitude, s'occupant de culture et faisant valoir ses propriétés.

Cependant les événements qui suivirent étaient bien faits pour exciter Saïd contre Abbas. — Méhémet-Aly, l'homme du siècle pour l'Égypte et pour sa famille surtout, étant venu à mourir, ses funérailles furent aussi misérables que celles d'Ibrahim. Le tombeau du vieux colosse macédonien fut mis à l'enchère, comme la plus vulgaire des fournitures; — on poursuivit, on spolia ses parents, et des membres de sa famille se virent exiler dans les déserts du Sennaar!... Malgré tout cela, Saïd bien conseillé et rempli de prudence, voulant éviter la désunion et la discorde, ne se plaignit même pas.

Une circonstance minime le força seule à se départir de cette réserve.

Lorsque les fils de Méhémet-Aly, lassés des mille vexations qu'on leur faisait subir, se décidèrent à partir pour Constantinople afin d'y demander justice, Abbas-Pacha descendit avec eux jusqu'aux prières; — mais voyant qu'il ne pouvait les décider à rester, et tremblant à l'idée que le sultan pourrait se fâcher contre lui, il fit prier Saïd de venir au Caire.

Saïd refusa d'abord; mais vaincu par les prières des consuls, il céda, et partit pour la capitale. —Arrivé à Boulacq, au lieu d'y trouver, comme il y était habitué du temps de son père, des préparatifs décents de réception, il ne rencontra au port qu'un simple *gouaz*. — Ajoutez à cela qu'Abbas le reçut d'une manière peu civile, et qu'aucun pacha, qu'aucun bey n'alla lui faire visite, ainsi que cela était dû à sa position. — Indigné de ce procédé, Saïd refusa de seconder Abbas et de rien essayer près de ses frères; puis il partit de suite pour Alexandrie.

Abbas, à l'instigation de ses dignes conseillers, se persuada que Saïd excitait ses frères à partir; il jura de se venger de son oncle. Plusieurs projets furent formés dans ce but et l'on prétend que Hassan-Pacha reçut un jour l'ordre de faire tuer Saïd.— Celui-ci, informé de ce qui se tramait contre sa personne, augmenta sur-le-champ le personnel de sa maison; il appela de ses villages 52 fellahs et porta sa garde à 32 hommes.

Cela ne doit étonner personne; c'est la coutume en Égypte. En voici la preuve : — Ibrahim, du temps de son père, avait cinq compagnies de soldats nègres; — Chiriff-Pacha avait à ses ordres 400 soldats albanais; Soliman-Pacha eut de tout temps 100 soldats payés par lui, pour sa garde, et Abbas, lorsqu'il était simple kjehja, en avait 1,000; — enfin Saïd, sous Ibrahim et sous Méhémet-Aly, avait toujours eu à ses ordres 100 soldats de marine, 50 Mameluks et 200 serviteurs.

Les ennemis de Saïd, en voyant sa résolution, ne manquèrent pas de crier très-fort et tout haut contre lui.

On répéta partout qu'il avait levé secrètement plus de 10,000 hommes, dont sa garde personnelle n'était qu'un détachement; — qu'il conspirait sous main contre son oncle, et qu'avec la petite armée dont il était maître, il renverserait Abbas très-prochainement.

Vraies ou fausses, le vice-roi affecta les plus grandes craintes. —Étant allé dans la Haute-Égypte, il s'attacha plus étroitement que jamais les gauabiz, sorte de *condottiers* de la classe la plus infime, dont on se sert en Égypte comme jadis en Italie on se servait des *bravi*.

Les amis de Saïd ne manquèrent pas à leur tour de prétendre que si Abbas avait promu un gauabiz au commandement de toute la tribu Guemaate et avait engagé cette tribu à descendre dans le Béhéreh, d'où ses gens ne tardèrent pas à chasser Omar (brouillé en ce moment avec le vice-roi), et à s'emparer de ses biens et de ses femmes, c'était pour faire assassiner son neveu et exterminer ses partisans.

Les choses en étaient là, lorsqu'un jour Saïd se rendit à Quafle pour assister à la confection d'un canal destiné à rendre à l'agriculture 3 ou 4 mille feddans de terre inculte. —Comme il voulait s'y arrêter quelque temps, il avait pris avec lui son médecin, un certain nombre de ses gens, et il avait fait dresser, pour y demeurer, une tente près de la maison d'El-Mazri. — Deux de ses esclaves s'étant échappés un jour, le prince ordonna à El-Mazri d'aller à leur recherche. —Celui-ci monta à cheval avec ses enfants, ses esclaves et une dizaine de personnes, qui explorèrent les chemins en divers groupes.

Après avoir couru environ deux heures dans différentes directions, El-Mazri s'arrêta au pied d'une tente sous laquelle habitaient ses femmes, laissant ses chevaux au soleil. — Tandis qu'il se reposait, vingt Gauabiz accompagnés de trois soldats turcs, venant de *Chebrihit*, chef-lieu de la province, aperçurent des chevaux devant la tente. Ils en conclurent qu'El-Mazri se trouvait à l'intérieur, et ils se dirigèrent en toute hâte de ce côté.

El-Mazri, hors d'état de se défendre, chercha son salut dans la fuite et parvint, armé d'un fusil, à gagner, sans être vu, un monticule voisin. Il pouvait s'y cacher et échapper à ses ennemis; mais voyant les Gauabiz qui saccageaient sa tente et s'emparaient de ses femmes, il n'y tint pas, et se montrant tout-à-coup sur le sommet du mamelon, il cria aux pillards : « Lâches qui faites la guerre aux femmes, venez donc me trouver ici! »

Les Gauabiz, en l'entendant, se précipitèrent vers lui, essayant d'environner la colline pour qu'il ne pût s'échapper. - El-Mazri, animé par les cris de ses femmes, se jeta derrière un rocher et, de cette forteresse improvisée, accueillit les assaillants à coups de fusil, auxquels ceux-ci ne manquèrent pas de riposter. — Comme ses ennemis pour avancer étaient obligés de se montrer à découvert, il put les tenir ainsi en échec durant un quart d'heure et en blesser plusieurs. — Pendant ce temps un vieux bédouin qui était son plus fidèle serviteur, sauta à crû sur un cheval et courut, ventre à terre, donner l'alarme à Saïd.

Le prince s'apprêtait à partir pour la chasse. —Il envoya aussitôt 22 hommes qui s'élancèrent au galop, pour défendre El-Mazri. —Les Gauabiz les voyant arriver prirent la fuite, emmenant avec eux les chevaux d'El-Mazri sur lesquels ils placèrent leurs blessés. – El-Mazri, aidé par les nouveaux-venus, attaqua à son tour les Gauabiz, et les poursuivit plus de deux lieues.

§ 11.

Au moment où on allait les atteindre, un homme de la suite de Saïd qui était à la tête de ceux qui poursuivaient les Gaoubiz, voulant répondre à la prescription de Saïd de ne pas verser le sang, s'avança vers les ennemis d'El-Mazri, et après longue discussion leur fit rendre les chevaux qu'ils emmenaient.

Cette aventure fit beaucoup de bruit en Égypte. — Or, non-seulement on n'essaya pas même de réprimer l'insolence des Gauabiz s'attaquant à un prince de la famille régnante ; mais encore on fit courir le bruit que Saïd n'avait sauvé El-Mazri et ne s'était sauvé lui-même *qu'à l'aide de ses innombrables canons, d'une armée de Bédouins et de ses Mameluks.* — Le vice-roi crut à ce bruit,.. ou fit semblant d'y croire. — Pour en vérifier l'exactitude, il envoya à Quafle sur-le-champ (le moyen était au moins singulier), 2,000 hommes de cavalerie, environ 1,000 hommes d'infanterie et une batterie d'artillerie. Ce corps d'armée ne rencontra aucun ennemi et n'éprouva aucune résistance ; mais, comme on ne pouvait pas être venu pour rien, on mit littéralement *à sac* la maison et les propriétés d'El-Mazri, qui fut assez heureux pour s'échapper, comme jadis avait fait son frère, par le Maréotis, sur une barque qui prenait eau et qui vingt fois faillit couler bas.

§ 12.

Révolté de pareilles violences et afin d'ôter tout prétexte à Abbas contre lui, Saïd demanda par écrit au vice-roi la permission d'aller visiter l'Europe pour cause de santé, et de pouvoir venir au Caire prendre congé de Son Altesse.

Le vice-roi la lui accorda. — On vit alors Saïd arriver au Caire en toute sérénité, se présenter à Abbas-Pacha dans son palais de *Hassoun*, aller visiter Fuad-Effendi au *Guissoun*, son frère *Abdel-Hallin* à Choubra ; — recevoir à son tour leurs visites, partir le même jour pour Alexandrie, et là s'embarquer pour l'Europe avec quatre personnes de sa suite

Avant son départ, Saïd envoya tous ses gens à *Chernoul* (sa maison de campagne), à 10 heures environ d'Alexandrie.

Il y avait là ses domestiques, les 25 matelots de sa *dahabieh* (barque sur le Nil), et les 24 matelots d'un paquebot à vapeur qu'il avait fait construire en Angleterre : — en tout 59 individus.

§ 13.

A peine le prince fut-il parti, qu'il se joua, en son absence, contre lui une comédie réellement curieuse.

Un beau jour, Abbas, qui avait refusé à Fuad-Effendi et aux sollicitations mêmes de la Porte, d'employer aucun des membres de sa famille dans quelque poste que ce fût, prétendant qu'ils n'étaient que des rebelles capables de bouleverser l'Egypte, Abbas feignit d'être encore plus alarmé et d'avoir reçu des renseignements secrets qui ne devaient lui laisser aucun doute sur les complots de Saïd.

En conséquence, il rassembla subitement un conseil des ministres auquel il invita les consuls généraux européens. — Là, à la stupéfaction du conseil entier, Abbas accusa son neveu d'avoir conspiré contre lui. Le consul général anglais, dans la politique duquel il entrait d'entretenir la discorde dans la famille de Méhémet-Aly, appuya le vice-roi; — mais le prince absent trouva de généreux défenseurs ; les consuls de Prusse et de France se portèrent garants de Saïd, et repoussèrent vivement l'accusation qu'on lui intentait.

Grâce à ce secours subit personne n'osa se rallier aux mesures de violence que proposait le consul anglais, — mesures qui n'allaient à rien moins qu'à s'emparer de tous les biens du prince et à le condamner à mort,... par contumace heureusement.

Mais cette conclusion pesait à Abbas, et il ne la trouvait point assez décisive. — Aussi un beau matin, sous prétexte de rechercher les traces d'une nouvelle conspiration, donna-t-il l'ordre d'environner Chernoul et le palais Gabbari, appartenant à Saïd, avec 600 hommes ; de livrer l'assaut à ces habitations; de se rendre maître de toutes les personnes qui s'y trouvaient; de les mettre à mort si elles résistaient, et de s'emparer de toutes les armes et de toutes les munitions qu'on y rencontrerait. — On commanda en outre aux soldats de piller le palais Gabbari, sans y respecter même le *harem* (le *harem*, asile sacré des musulmans !....) ; — mais les soldats se montrèrent plus civilisés que leurs chefs et n'osèrent toucher ni au Gabbari ni au harem, tant la chose leur paraissait monstrueuse. — On les gourmanda alors tellement qu'ils n'eurent pas le même respect pour Chernoul.

Ce dernier endroit est une maison de plaisance isolée, bâtie au milieu de jardins et environnée de champs. — L'armée d'Abbas (car c'était une véritable armée) — n'y trouva absolument rien que le silence, — quelques matelots, — des domestiques et, — (c'était là dessus qu'on avait compté,) — *cinq petits vieux canons démontés* que Saïd possédait au vu et su de tout le monde, depuis le temps de son père. On s'empara de tout, et les prisonniers avec leurs armes et les cinq canons furent amenés au Caire en grand triomphe.

La ville entière resta dans la consternation pendant deux jours et les rigueurs les plus grandes furent exercées contre les malheureux qu'on avait arrêtés. — Quelques-uns tombèrent malades ; — d'autres moururent par suite des mauvais traitements; — tous demeurèrent longtemps prisonniers, tremblants chaque jour pour leur vie, sans qu'on pût leur arracher le moindre aveu contre Saïd.

Ce ne fut que sur les ordres venus de Constantinople que le vice-roi se décida à mettre en liberté ce qui restait de ces pauvres diables.

Quant aux fameux canons, objet principal de l'accusation, il fut constaté à la citadelle où on les avait pompeusement déposés, *qu'ils étaient hors d'usage* et qu'ils n'auraient pu être bons qu'à donner la mort aux imprudents qui auraient voulu se servir d'eux. Il va sans dire que la prétendue armée de dix mille hommes levée par Saïd avait complétement disparu et qu'on n'en trouva pas trace.

§ 14.

Telle fut la grande conspiration de Saïd-Pacha, — sorte de plaisanterie grossière, digne de Karadeuck, le polichinelle des Orientaux, — avec laquelle le gouvernement d'Abbas-Pacha crut pouvoir abuser les cabinets européens et légitimer, à leurs yeux, ses haines et ses violences. — Heureusement de pareilles fantasmagories sont percées à jour ; — elles ne peuvent égarer personne, et les gens qui sont au courant de ce qui se passe dans des cours à demi barbares comme celle d'Abbas, savent à quoi s'en tenir sur de pareilles matières. Aussi le Divan de Constantinople ne fut-il pas un instant dupe de cette ruse ; — il ne crut d'aucune façon à la culpabilité de Saïd, et le sultan accueillit parfaitement bien ce prince.

Depuis lors de grands changements ont eu lieu en Égypte. Saïd-Pacha règne à son tour et son persécuteur est mort. Je ne doute pas que ce prince, homme éminemment éclairé, tienne tout ce que l'Égypte attend de lui. Les premiers actes de son règne, comme les grands travaux qu'il a appelé les Européens à entreprendre, ainsi que la manière loyale et énergique avec laquelle il est venu au secours de son souverain et de sa foi religieuse que menaçait l'ambition russe, sont un sûr garant qu'il accomplira jusqu'au bout le devoir qu'impose le trône à qui l'occupe, et qu'il continuera, par tous les moyens possibles, à substituer dans ses États, si dignes d'intérêt, la civilisation moderne à la barbarie du vieux monde, le progrès et les lumières à la routine et aux préjugés.

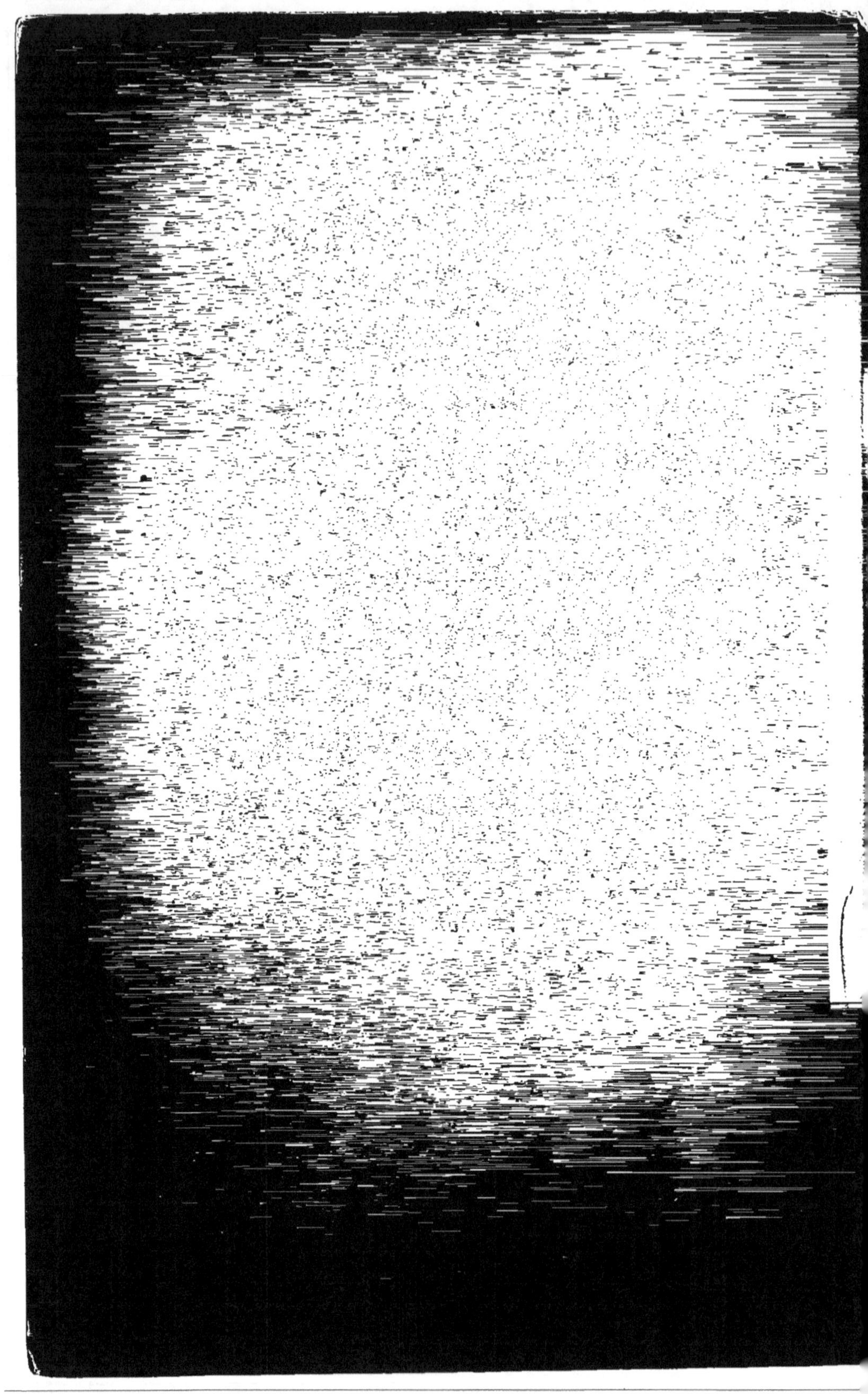

www.ingramcontent.com/pod-product-compliance
Lightning Source LLC
LaVergne TN
LVHW010410240826
846091LV00020B/3086

* 9 7 8 2 0 1 1 7 8 4 6 7 4 *